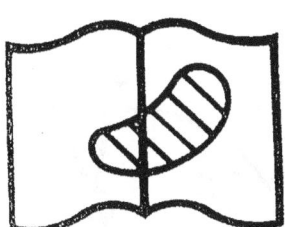

Illisibilité partielle

Valable pour tout ou partie
du document reproduit

Couverture inférieure manquante

Original en couleur
NF Z 43-120-8

NOTES ET DOCUMENTS INÉDITS

POUR SERVIR A LA BIOGRAPHIE

DE

CHRISTOPHE

ET DE

FRANÇOIS DE FOIX-CANDALLE

ÉVÊQUES D'AIRE

PUBLIÉS PAR

PHILIPPE TAMIZEY DE LARROQUE

BORDEAUX	PARIS
Ch. LEFEBVRE	Aug. AUBRY
6, Allées de Tourny.	18, rue Séguier.

1877

*A Monsieur Léopold Delisle,
membre de l'Institut,
reconnaissant hommage
Ph. Tamizey de Larroque*

CHRISTOPHE ET FRANÇOIS DE FOIX-CANDALLE,
ÉVÊQUES D'AIRE.

Extrait de la *Revue de Gascogne*.

Tiré à part à 100 exemplaires.

NOTES ET DOCUMENTS INÉDITS

POUR SERVIR A LA BIOGRAPHIE

DE

CHRISTOPHE

ET DE

FRANÇOIS DE FOIX-CANDALLE

ÉVÊQUES D'AIRE

PUBLIÉS PAR

PHILIPPE TAMIZEY DE LARROQUE

BORDEAUX
Ch. LEFEBVRE
6, Allées de Tourny.

PARIS
Aug. AUBRY
18, rue Séguier.

1877

CHRISTOPHE ET FRANÇOIS DE FOIX-CANDALLE,

ÉVÊQUES D'AIRE.

François et Christophe de Foix étaient fils de Gaston de Foix, comte de Candalle, et de Marthe d'Astarac, fille et héritière de Jean III, dernier comte d'Astarac. On connaît la date de la naissance de François (1512) (1), mais on ignore en quelle année Christophe vint au monde. Ce que l'on sait seulement, c'est que François était son aîné, ainsi que Fédéric ou Frédéric, lequel fut successeur de son père comme comte de Candalle (2). Dans des vers composés vers 1540, un poète bordelais que j'ai eu le plaisir de ressusciter, Jean Rus, saluait ainsi les espérances que donnaient Christophe et son frère Charles, plus tard seigneur de Villefranche, tous les deux adolescents :

A Messieurs Charles et Cristofle de Candale.

> Si je voulois descripre le grand bien
> Que nous promect vostre saige jeunesse,
> En escripvant certes il fauldroit bien
> La mienne user, voire bien la vieillesse.

---

(1) Et non 1504, comme l'avancent les biographes qui le font mourir nonagénaire en 1594, tels que les rédacteurs du *Moréri* de 1759, dom Chaudon, M. Weiss (*Biographie universelle*), etc. L'auteur des huit lignes consacrées à François de Foix dans la *Nouvelle biographie générale*, se montrant plus généreux que tout le monde, allonge encore de deux ans la vie de ce prélat qu'il fait naître en 1502. Ce même auteur (qui a eu raison de garder l'anonyme) appelle bien singulièrement le frère de Christophe de Foix « François *Hussates* ou de Foix, comte de Candale ou *Candella*. »

(2) Le docte abbé Baurein s'est trompé, lui qui ne se trompe guère, quand il a écrit (*Variétés bordeloises*, édition de 1876, t. II, p. 24) : « Il [Gaston] fut père, en premier lieu, de Frédéric de Foix, en *second* lieu, de Christophe de Foix, en *troisième* lieu, de François de Foix. »

Or doncq il fault, maulgré moy, que je cesse
De commencer ce que ne pourrois dire;
Mais quoy? seigneurs, suyvez celle promesse,
Et l'œil verra ce qu'on ne peult escripre (1).

M. Ernest Gaullieur nous apprend, dans sa curieuse et savante *Histoire du collége de Guyenne* (2), que Charles et Christophe de Foix étudièrent, de 1542 à 1545, en cet établissement « très-florissant pour lors et le meilleur de France, » comme s'exprime Michel de Montaigne (3). D'après un document analysé par l'archiviste de la ville de Bordeaux, « messire Fédéric de Foix, » qui avait confié ses deux jeunes frères à Me André de Gouvéa, lui devait, au commencement de l'année 1543, trois cents écus d'or pour leur pension, et le mandataire du comte de Candalle, Pierre Morlane, marchand de Bordeaux, ayant déclaré « n'avoir, pour le présent, argent à faire payement, » céda au célèbre directeur, pour la somme due, une maison située contre le portail des Salinières et adossée aux murs de la ville (4). François de Foix ne contribua pas moins que le comte de Candalle à procurer à ses frères le bienfait de l'éducation qu'ils reçurent au collége de Guyenne, car, ainsi que le rappelle M. Gaullieur (p. 378), le 29 juillet 1591, « dans la grande salle de cet antique château de Puy-Paulin, auquel se rattachaient tant de souvenirs historiques, » Me Antoine de Chadirac, « l'un des quarante notaires royaux de la ville de Bordeaux, apprit à ses auditeurs que très-illustre et très-vertueux prince François de Foix, captal de Buch, baron de Castelnau, seigneur de Puy-Paulin, évêque d'Aire et commandeur de l'ordre du Saint-Esprit, désirant témoigner à la postérité combien il avait toujours aimé ce col-

---

(1) *Collection méridionale*, tome VI. *OEuvres de Jean Rus publiées d'après l'unique exemplaire qui paraisse subsister*, 1875, p. 51-52.
(2) Paris, 1874, grand in-8°, p. 174.
(3) *Essais*, liv. I, chap. XXV.
(4) On voit un peu plus loin (p. 183) Christophe de Foix, élève du collége de Guyenne, figurer au nombre des témoins d'un acte du 21 juin 1545 conservé aux archives départementales de la Gironde.

lège de Guyenne où, *grâce à lui*, ses frères avaient été élevés, consacrait une somme de 2,000 écus à la fondation d'une chaire de mathématiques (1). »

Christophe de Candalle fut d'abord protonotaire apostolique, ce qu'ont ignoré les auteurs du *Gallia Christiana*, qui disent seulement qu'il fut grand aumônier de la reine de Navarre et qu'il est mentionné dans le testament de Jean d'Albret, baron de Miossans (2). Le titre de protonotaire apostolique est donné à Christophe par Joachim Du Bellay, l'auteur des *Xenia, seu aliquot ad illustrium quorumdam Galliæ hominum nomina allusiones* (3) :

Christophorus Candalius, protonotarius.

Acria pro Christi quod nomine bella capessis,
   Scilicet a Christi nomine nomen habes.
Tu quoque, lacteolo cujus de gutture manant
   Mella poetarum dulcia mista favis,
Κανδυλος à Graiis cognomen adepte, poetis
   Lacteolum confers, mellifluumque melos (4).

En 1560, le 5 mai (5), Christophe de Foix remplaça sur le siège d'Aire Jacques de Saint-Julien. Voici la lettre (peut-être la seule qui existe encore de lui) que le prélat, peu de temps après sa nomination, adressait, du château de Cadillac (6),

---

(1) M. Gaullieur a tiré ces détails d'une plaquette fort rare intitulée : *Copie de la fondation de la chaire de mathématiques au collége de Guyenne* (Bordeaux, J.-B. Lacornée, imprimeur.)

(2) Tome I, *Ecclesia Adurensis*, col. 1166.

(3) Paris, Féd. Morel, 1569, in-4º. Voir une note sur cette pièce à la page 18 du tome IV de la Collection méridionale : *Vies des poètes bordelais et périgourdins par Guillaume Colletet, de l'Académie française*, 1873. J'ai trouvé un exemplaire de l'opuscule de J. du Bellay (in-4º sans nom d'auteur, sans nom de lieu et sans date) dans un recueil de mélanges de la bibliothèque Mazarine (nº 10, 694.)

(4) Les lexiques grecs donnent en effet au mot κάνδαυλος ou κάνδυλος le sens de « mets composé de farine, de fromage, de lait et de miel. »

(5) Cette date, donnée par le *Gallia christiana*, est aussi donnée par le P. Anselme (*Histoire généalogique des grands officiers de la couronne*, tome III, p. 385).

(6) C'est probablement dans ce château, si magnifiquement reconstruit par le premier duc d'Epernon (1598 et années suivantes), que naquirent Christophe et

à Catherine de Médicis, au sujet des ravages commis par les Huguenots dans son diocèse et surtout dans sa ville épiscopale :

Madame, estant arryvé en ce lieu pour incontinant m'en aller faire mon debvoir à Ayre, suyvant le commandement du Roy et vostre, j'ay esté adverty par mon vicayre et aultres qui ont charge de mes affaires audict lieu, que ceulx des esglises qu'ilz disent reformées continuent les invasions et destructions des temples qu'ilz ont ja presque toutz ruynez en mon diocèze, augmentent toujours de plus en plus leurs violences et furies, et ce nonobstant qu'ilz ayent des temples pour eulx en chascune ville, au mespris des derniers esdicts, ayant plus d'armes que jamays, sont venus en l'esglise principale d'Ayre de gayetté de cueur (1), et sanz estre en façon du monde provocquez, ont desmoly tous les aultelz, deschiré les chappes et aultres vestements, myz le feu aux sieges, rompu les orgues, et autres maulx qui seroient trop longz à dire, avecques menasses de faire promptement mourir ceulx qui ouvriroient la bouche pour en parler et blessarent ung organiste qui est à sçavoir s'il perdera la veue du coup, et non contants de cela, soubz ceste grande licence personne ne leur contredisant, tiennent les chanoynes en ceste peyne, qu'ilz n'attendent sinon que on leur vieigne coupper la gorge s'ilz entrent en leur esglize, leur ayant mandé que si ilz continuent à faire le service qu'ilz en feront aultant aux imaiges vives, comme ilz en ont faict aux mortes. Madame, il y a desja quatre ou cinq moyz qu'ilz continuent ces invasions, n'ayant aucun esgard à la reformation des abuz qu'ilz sçavent bien que je veulx faire et que j'ay desjà commencé, ny à voz commandementz si souvent reyterez sanz qu'on puysse dire (quoyque leurs minystres les desadvouhent et que

---

François de Foix. Aux descriptions de ce monument que j'ai eu l'occasion de citer (*Essai sur la vie et les écrits de Florimond de Raymond, conseiller au parlement de Bordeaux*, 1867, p. 17, note 2), je joindrai la mention d'intéressantes pages de M. G.-J. Durand (*Notice sur les ducs d'Epernon, leur château de Cadillac et leurs sépultures*, Bordeaux, 1854, brochure in-8º) et de M. le comte Jules de Cosnac (*Souvenirs du règne de Louis XIV*, Paris, tome v, 1876, p. 92-96).

(1) M. Littré (*Dictionnaire de la langue française*, au mot *gaieté*) cite, comme ayant employé l'expression *gaieté de cœur*, Amyot, d'Aubigné, Voiture, Molière, Mme de Sévigné, Voltaire, J.-J. Rousseau, d'Alembert. Le plus ancien de ces écrivains, Amyot, s'est servi presqu'en même temps que Christophe de Foix de cette pittoresque façon de parler. On sait que la traduction des *Vies des Hommes illustres* de Plutarque parut, pour la première fois, en 1559. (Paris, Michel Vascosan, in-fº.)

vous l'ayez commandé), qu'il en ayt esté faict punytion d'ung seul en tout ce temps là, de sorte que ceulx qui ont quelque peu de jugement et cognoissent l'humeur de ce peuple, voyant bien qu'ilz ne s'arresteront pas là, s'il n'y est remédié par vostre auctorité et quelque punytion exemplaire, affin que nous puissions vivre en quelque asseurance, aultrement il vous plaira, Madame, m'excuser si je ne m'expose à la fureur indiscrète et brutalle de ce peuple. Je vous supplie très-humblement, Madame, pour l'asseurance que j'ay de vostre bonne volunté, commander qu'il y soict donné ordre, comme je prie Dieu vous donner très-bonne et très-longue vie.

De Cadillac, ce vi° de janvyer (1).

Vostre très-humble et très-obeyssant serviteur,
CHRISTOFLE DE FOIX, evesque d'Ayre.

On comprend que Christophe de Foix ait cherché, avec d'autres ardents catholiques, à empêcher de nouveaux excès. En 1564, il voulut, aidé de son frère le comte Frédéric et de quelques autres grands seigneurs de la Guyenne, opposer aux calvinistes une sorte de ligue défensive et même offensive, mais cette tentative de croisade à l'intérieur dut être bientôt abandonnée devant la désapprobation royale (2).

---

(1) La lettre (*Bibliothèque nationale*, Fonds français, vol. 3186, p. 14) n'est pas datée quant à l'année, mais elle se trouve au milieu de documents qui tous appartiennent à 1561 et, d'ailleurs, les événements qui y sont signalés se rapportent parfaitement à cette même année (A. S.). Le volume 17021 du Fonds latins renferme (p. 29) l'extrait suivant d'une lettre écrite à l'évêque de Dax, alors en cour (François de Noailles), par un chanoine de Dax du nom de Cashavaly, le 1er janvier 1562 (N. S.), extrait qui confirme en tout point les plaintes de Christophe de Foix : « Monseigneur, nous sommes effrayés en ceste ville que les embuches que nous sont apprestées nous menassent de pareille ruyne qui a esté faite à l'esglise de la ville d'Ayre et abbaye du Mas et à toutes autres esglises du diocèse d'Ayre. Les dicts séditieux n'ont laissé en esglises ornemens, calices, documens, et generalement toutes choses desquelles l'on se peut ayder pour faire le service divin. Les religieux, religieuses, prestres, saccagez, battuz, despoillez, brief tout s'en va en ruyne, mesme ceulx qui tiennent l'ancienne religion. Monseigneur, je vous puis asseurer que despuis la secte des Albigeois n'a esté veue desolation si cruelle... » (Trésor de Noailles.)

(2) Voir sur cette confédération les *Mémoires de Condé* (t. v, p. 170), l'*Histoire* écrite par le président de Thou (t. iv de la traduction française de Londres, p. 652), l'*Histoire universelle* d'Agrippa d'Aubigné (t. i, p. 204, etc.) En cette même année 1564, Christophe de Foix (*Christophorus de Fuxo*) assista, avec Louis de Lur, vicomte d'Uza, sénéchal de Bazadais, aux états de la province d'Auch où Jean Balaguier fut nommé évêque de Bazas. (*Chronique de Bazas*, dans le tome xv des *Archives historiques du département de la Gironde*, n° 58).

La date précise de la mort de Christophe de Foix est inconnue. On sait seulement que ce prélat cessa de vivre vers 1569 (1) ou 1570 (2).

Avant la fin de cette dernière année, François de Foix lui succéda (3).

Les biographes ont recueilli bien peu de détails sur ce personnage dont l'église d'Aire se glorifie à juste titre, suivant l'expression du *Gallia christiana* (4). En 1566, il avait publié (chez Jean Roger, à Paris, en un volume in-f°) une traduction latine des *Eléments* d'Euclide, dédiée au roi Charles IX (5). En 1574, avec le concours de Joseph Scaliger, qui était alors

(1) L'abbé Baurein (*Variétés bordeloises*, t. II, p. 24) n'hésite pas à dire qu'il « décéda en l'année 1569. »

(2) Blaise de Monluc a fait une brève mention de Christophe de Foix, à l'année 1569 (*Commentaires*, édition de M. de Ruble, t. III, p. 272). J'ai lu (Bibliothèque nationale, Fonds français, vol. 3224, p. 27) une lettre de Charles IX au marquis de Villars, du 28 septembre 1571, qui contient ces mots : « Mon cousin, vaquant cy-devant l'abbaye de Saint-Jean de la Castille par le decez de feu Monsieur Crestofle de Foix, evesque d'Ayre, j'en ay faict don au sieur de Roissy, conseiller en mon privé conseil... » Cette note comble une autre petite lacune du *Gallia Christiana*, et j'espère qu'elle ne sera pas perdue pour le savant continuateur de l'inappréciable recueil, Dom Piolin.

(3) Voir une lettre du roi de Navarre au Pape, au sujet de la nomination de Fr. de Foix à l'évêché d'Aire (t. I des *Lettres missives de Henri IV*, p. 77) La date attribuée à cette lettre (29 juillet 1575) est inexacte, et il faut lire 29 juillet 1570. De plus, l'éditeur (note 1) s'est trompé quant au lieu de la mort et quant à l'âge de l'évêque d'Aire. Pourquoi n'avoir pas consulté le *Gallia christiana* ? — M. J. Guadet, éditeur du *Supplément* au *Recueil des lettres missives de Henri IV* (t. VIII, 1872, p. 139, note 4), a pieusement conservé l'anachronisme de M. Berger de Xivrey, y joignant de son crû une nouvelle et bien grosse erreur : « Il fut, en 1575, quoique laïque et marié, fait évêque d'Aire. » Nulle part il n'est question de ce prétendu mariage, et l'on ne parvient pas à s'expliquer la méprise du continuateur de M. Berger de Xivrey.

(4) *Non immerito de Francisco Fuxio de Candala, suo antistite, Adurensis gloriatur ecclesia* (t I, col. 1166). Les auteurs du *Gallia* ajoutent : « *In omni tunc litterarum genere excelluit.* »

(5) Voir dans le *Manuel du libraire* (t. II, 2ᵉ partie, col. 1089) le titre (qui n'a pas moins de quatorze lignes) donné par Fr de Foix à son travail sur Euclide. Une nouvelle édition, augmentée de deux livres sur les solides réguliers, parut en 1578 (in-f°). Vossius (*De scientiis mathematicis*, p. 68) a reproché au traducteur d'avoir substitué quelquefois ses propres pensées à celles de l'auteur. Je n'ai pas trouvé ce reproche dans l'*Histoire des Mathématiques* de Montucla (édition de l'an VII, in-4°, t. I, p. 213). Par une double faute d'impression, on a attribué la date 1661, au lieu de 1566, à la traduction d'Euclide, dans une note de l'édition de 1772 de la *Bibliothèque* de la Croix du Maine (t. I, p. 219).

âgé de trente-sept ans, il mit en lumière le texte grec et latin des livres attribués à Hermès Trismégiste (1). Ce fut encore avec le concours de Scaliger que François de Foix publia une traduction française de ces mêmes livres (2). Je n'ai jamais rencontré l'édition in-8° que Brunet indique ainsi : *le Pymander traduit et commenté par Fr. de Foyx de Candalle* (Bourdeaux, Millanges, 1574) (3), mais j'ai sous les yeux la belle édition (in-f°) sortie des presses du même imprimeur en 1579 (4). Elle est dédiée à « très haute, très illustre et très puissante princesse Marguerite de France, reine de Navarre, fille et sœur des rois très chrétiens. » J'extrais de l'épître dédicatoire, écrite à Cadillac, le 21 du mois de décembre 1578, et connue de bien peu de lecteurs, cette péroraison qui, à divers titres, me paraît assez curieuse :

Je vous présente, Madame, ce petit discours, aiant esté adverty et despuis l'aiant cogneu par présente expérience de vostre excellente nourriture, entendement généreux, amour et dévotion très chrestienne à Dieu, et désir de toutes bonnes cognoissances, qui sont perfections en la personne et divine âme de Vostre Majesté, dignes de la Margueritte des Princesses, et capable de recevoir les advertissements et doctrine de la Marguerite des philosophes : c'est du grand Mercure, non traduit et commenté selon la condignité de Vostre Grandeur et sienne, qui meriteroient le travail d'un plus docte et suffisant interprète. Toutefois, Madame, désirant de offrir à la hau-

(1) *Mercurii Trismegisti Pimandras utraque lingua restitutus. D. Francisci Flussatis Candallæ industria*, etc. (Bordeaux, Millanges, in-4°). Voici comment l'auteur parle de son collaborateur : « Accito consultorum assensu non tantum græcarum sed etiam orientalium linguarum (ut pote Josephi Scaligeri, juvenis illustrissimi, non minus doctis linguis eruditi, quam conditione et prosapia præclari, opera), perpaucos pingentis errores sarcientes, » etc.

(2) *Le Pimandre de Mercure Trismégiste de la philosophie chrestienne, cognoissance du Verbe divin, et de l'excellence des œuvres de Dieu, traduit de l'exemplaire grec, avec collation de très amples commentaires*, par François Monsieur de Foix, de la famille de Candalle, captal de Buchs, et evesque d'Ayre, etc.

(3) *Manuel du libraire*, t. III, 2° partie, col. 1648. *Pymander* provient sans doute d'une faute d'impression. Partout ailleurs s'offre à moi la forme *Pimandre*, même dans le manuscrit que la Bibliothèque nationale possède de la traduction de Fr. de Foix, sous le n° 14768 du Fonds français (vol in-4° de 104 feuillets).

(4) Le volume se compose de 741 pages sans y comprendre la Table des matières qui occupe bien une cinquantaine de pages à deux colonnes.

teur de vostre ingenuité chose convenable à votre divine pensée (laquelle sur toutes choses tendant à son propre lieu, recherche la cognoissance des grandeurs et perfections de Dieu, et de toutes sainctes disciplines), j'ai trouvé ce Pimandre de Mercure dict des anciens trois fois très grand, par tant de milliers d'ans délaissé sans interprétation, et par lequel non seulement les excellences et grandeurs de Dieu reluysent : mais la philosophie (si longuement rejettée d'aucuns professeurs de la religion chrestienne) se trouve totalement conjointe par acquisition de la cognoissance de ce souverain bien (seul but des philosophes et chrestiens), lequel suivant vostre commandement reçu avec très humble honneur et reverance, je présante à Vostre Majesté, désirant que outre la cognoissance des excellences et grandeurs qu'il plaira à Dieu communicquer à vostre divin entendement, il y puisse pareillement continuer l'estude de la vraye philosophie chrestienne et inquisition de la cognoissance des vertus et bonté de ce souverain bien, désiré de tous amateurs de sapience et vérité chrestienne, qui nous est annoncé par ce grand Mercure, nous donnant la plus ancienne escripture que nous sçachons estre ce jourd'huy sur la terre venue jusques à nostre temps (1). Vostre Majesté, Madame, avec son bon plaisir, m'honorera tant de recevoir ce petit mien labeur pour agréable, ensemble vostre très humble et très obéissant serviteur, lequel supplie la souveraine bonté, créateur, facteur et conservateur de toutes choses augmenter en Vostre Majesté ses dons et grâces en perpétuel accroissement de grandeur, attendant le fruict et jouissance de sa perpétuelle félicité.

Je négligerai les vers grecs et latins composés par divers poètes de l'Aquitaine en l'honneur du *Pimandre* et de son interprète (2), je négligerai aussi la dissertation d'un M. de Saint-Marc intitulée : *Du temps qu'a fleury Mercure Trismé-*

---

(1) Je n'ai pas besoin de dire combien Fr. de Foix se trompait en accordant une aussi grande antiquité à des livres qui appartiennent manifestement aux premiers siècles de l'ère chrétienne, comme Casaubon le premier l'a reconnu. Sur l'origine des livres hermétiques, on peut consulter l'excellente étude qui précède la traduction complète donnée par M. Louis Ménard des livres venus jusqu'à nous sous le nom d'Hermès Trismégiste. (Paris, Didier, 1866, 1 vol. in-4º.) En rendant compte de cet ouvrage dans la *Revue bibliographique et littéraire* de septembre 1867, je ne manquai pas de reprocher à l'auteur de n'avoir même pas prononcé le nom de Fr. de Foix dans une introduction de plus de cent pages.

(2) Les vers grecs sont d'Etienne Maniald; les vers latins sont de Jean Guijon et d'un autre poëte qui signe simplement R. L.

— 13 —

giste (1), mais j'emprunterai à la *Préface* ce renseignement :
« .... Ces commentaires furent prêts à publier en l'an 1572, et portés par nous à Paris, où arrivantz le 26 d'aoust nous trouvames tels obstacles, le temps et personnes si indisposées à leur publication, que nous fûmes contraincts les raporter, n'ayant eu despuis licence tant pour les misères universelles, que plus pour les particulières, d'y mettre aucunement l'œil ou pensée jusques à présent (2). » Je crois aussi devoir reproduire un sonnet de Pierre de Brach caché parmi les pièces liminaires du rare volume de 1579, sonnet que l'on chercherait vainement dans les *Œuvres* du poète bordelais (3) :

> Apollon et Pallas, de leur saincte presence
> Favorisant Pimandre en sa nativité,
> Le mirent dans le bers de l'immortalité,
> Espurant le mortel de sa terrestre essence.

(1) M. de Saint-Marc assure que Mercure Trismégiste est antérieur à Abraham. Patrizzi s'est contenté d'en faire un contemporain de Moïse.

(2) On lit dans le *Privilége* (Avignon, 8 janvier 1575) : « Nostre amé et féal cousin François de Foix de Candalle, evesque d'Ayre, conseiller en nostre conseil privé, nous a faict remonstrer avoir cy devant composé, rédigé et mis par escript certains commentaires, tant sur les élémens de géométrie et mathématiques de Euclide Megarense, que sur les livres de Mercure Trismégiste, reveu et recogneu de nouveau iceux commentaires, ensemble les textes desdicts autheurs, et aux dicts commentaires adjousté beaucoup d'observations grandement utiles et profitables à nos subjects... »

(3) En revanche, on y trouve une très-longue et très-belle pièce adressée à « Monseigneur François Monsieur de Foix de Candalle, conseiller du Roy en son conseil privé, » qui contient l'éloge, non-seulement du traducteur d'Euclide, mais encore de tous ceux qui ont porté le nom de Foix (*Les poëmes de Pierre de Brach*, 1576, in-4°, f° 148-152). Le début de la pièce est plein de majesté :

> Ceux de qui les beaux vers, jusqu'aux terres estranges
> Vites vont et revont, comme herauts des louanges,
> Peuvent éterniser le nom qu'ils ont chanté :
> Mais ne pouvant du tien allonger la mémoire,
> Je veux que de ton nom le mien prenne sa gloire,
> Et qu'il sacre mes vers à l'immortalité.

— Il a été dit à tort dans la *Revue de Gascogne* (t. III, p. 197) que Pierre de Brach fut le filleul de l'évêque François de Foix-Candalle. Le poète bordelais eut pour parrain, comme il le déclare lui-même (*Archives de la Gironde*, t. I, p. 65), *Monsieur de Favars*. C'est le second fils de Pierre de Brach qui, selon ses termes (ibid., p. 63), « fut présenté au babtesme par Monseigneur François Monsieur de Foix de Candalle, evesque d'Aire, et madamoyselle Diane de Foix de Candalle, sa nièce. »

Mais il fut destiné qu'un manteau d'ignorance
Anuiteroit ses jours d'une ombreuse obscurté,
Jusqu'à ce qu'il trouvast pour leur donner clarté,
Un homme, au Père esgal dont il avoit naissance.

Pimandre ainsi caché sous maints secrets des cieux,
Ores pendant sa nuict se descouvre à mes yeux
Par toy, qui trois fois grand, Trismegiste ressemble.

Car s'il fut et grand sage, et grand prestre, et grand Roy,
Les cieux ces trois grandeurs ont unies en toy,
Grand Prince, grand prelat, grand philosophe ensemble.

Gabriel de Lurbe, qui, dans la *Chronique bourdeloise*, à l'année 1582, avait écrit : « François de Candalle, evesque d'Ayre, très docte aux mathematiques et autres sciences, » écrit, à l'année 1591 : « Le 21 juillet audit an le sieur de Candalle, evesque d'Ayre, fonde et institue au collége de Guyenne une leçon perpetuelle en mathematiques, et la dote de cinq cens livres de pension annuelle (1). » Le même chro-

(1) Citons ici le *Gallia christiana* : « In collegio Aquitanico Burdegalæ, ubi fundata est a Francisco cathedra pro mathematicis disciplinis tradendis, legitur hæc epigraphe æneæ tabulæ insculpta : Franciscus Flussas Candala illustrissimus princeps, Bojorum captalis, et episcopus Adurensis, in litterarum gratiam et matheseos illustrationem, mathematicam lectionem perpetuam, et solemnem in gymnasio Aquitanico instituit, atque anno 500 librarum stipendio dotavit anno Domini MDXCI, IV cal. Aug. » A son tour, Montucla (t. I, p. 578) mentionne ainsi cette création : « Ce prélat géomètre fonda à Bordeaux une chaire de géométrie, et comme il s'était beaucoup adonné à la théorie des corps réguliers, il voulut qu'on ne pût être admis au concours qu'autant qu'on aurait trouvé quelque chose de nouveau sur ces corps. Cette loi était encore en vigueur au commencement de ce siècle; car l'Académie des sciences fut, en 1703, prise pour juge d'une contestation élevée à ce sujet entre deux concurrents. » Voici ce que je trouve sur ce point dans l'*Histoire de l'Académie royale des sciences*, année 1703 (Paris, in-4°, 1705, p. 77) : « Il y a à Bordeaux dans le collège de Guyenne une chaire de mathematique fondée par François de Foix de Candalle. Il est dit par la fondation qu'en cas de vacance de cette chaire, elle sera donnée à celui qui sera jugé le plus digne par les experts qui seront choisis, et que chaque aspirant sera obligé de faire un jour une lecture publique où il démontrera une proposition de son invention, qui ne passe pas plus avant que le 9° livre des *Elémens* d'Euclide, et le lendemain une autre leçon où il démontrera aussi une proposition sur les corps solides et réguliers, qui soit de son invention, et qui se prouve par Euclide. Un aspirant ayant apporté deux propositions selon l'ordre prescrit, un concurrent lui contesta qu'elles fussent de son invention, et sur cette contestation les parties et les juges convinrent de s'en rapporter à l'Académie des sciences. Elle jugea qu'effectivement les deux propositions n'étaient pas nouvelles, et parce que l'exactitude qu'elle apporta à ce jugement consuma près de deux séances, on a cru qu'il pouvait trouver place dans cette histoire. »

niqueur annonce en ces termes, à la date de 1594, la mort de l'éminent prélat : « François Monsieur de Candalle, evesque d'Ayre, et captal de Buch, l'honneur de sa maison, et mœcenas de gens doctes, decede à Bourdeaux en sa maison de Puy-Paulin (1), le cinquiesme fevrier audict an, en l'aage de huictante trois ans, ou environ (2). »

Le président de Thou a trop bien parlé, dans son *Histoire universelle*, de l'évêque d'Aire, pour que je ne tienne pas à transcrire ce passage : « François de Foix de Candalle naquit d'une famille très-illustre, mais il fut beaucoup plus illustre par son savoir et par sa vertu que par sa noblesse. Les emplois dont la Cour l'honora dans sa jeunesse l'ayant obligé de quitter ses études avant qu'il y eût pu faire de grands progrès, il suppléa par son excellent esprit au défaut de l'éducation, et ce que les autres ont peine d'apprendre avec le secours des plus habiles maîtres, il l'apprit si heureusement de lui-même, aidé par ses dispositions, qu'il eut à se rendre savant dans toute sorte de sciences, et surtout dans les mathématiques, qu'il les aima et s'y attacha toujours, quelques occupations que ses divers emplois lui ayent données pendant tout le cours de sa vie, qui fut extrêmement longue, et que même il a fait de nouvelles découvertes dans ces beaux arts. Or, comme il s'est acquis l'immortalité par ses ouvrages, qui dureront autant que le monde, je serais coupable d'imprudence, si je n'étais persuadé qu'un si beau nom est un des plus grands ornements de mon histoire, et je devrais même passer pour ingrat, si, l'ayant honoré pendant

---

(1) J.-A. de Thou, moins bien informé que Gabriel de Lurbe, qui publiait la traduction française de sa chronique l'année même de la mort de Fr. de Foix, a prétendu qu'il avait rendu le dernier soupir au château de Cadillac. Cette erreur a été répétée par Hugues du Tems. (*Clergé de France*.)

(2) De Thou s'est trompé un peu plus encore, lui qui annonce que Fr. de Foix avait dépassé 84 ans. Scévole de Sainte-Marthe (*Eloges des hommes illustres*) s'est trompé bien davantage, car il a cru que l'évêque d'Aire était mort âgé de plus de 90 ans.

sa vie, je ne lui témoignais ma reconnaissance après sa mort (1). »

Réunissons ici quelques autres témoignages.

Michel de Montaigne (*Essais*, l. I, ch. XXVI) s'adresse ainsi « à Madame Diane de Foix, contesse de Gurson » (p. 104 de la remarquable édition publiée par MM. R. Dezeimeris et H. Barckhausen, Bordeaux, 1870) : « Francois, monsieur de Candale, vostre oncle, en faict naitre tous les jours d'autres (livres), qui estendront la connoissance de cete qualité de vostre famille à plusieurs siècles. »

Pierre L'Anglois, sieur de Bel-Estat, dans son *Discours des hiéroglyphes égyptiens, emblèmes, devises et armoiries* (Paris, 1583, in-4°), a mis (p. 85) un huitain très-flatteur pour M. de Candalle :

> Docte Seigneur, la gloire des prélats,
> Qui possédez l'une et l'autre Pallas, etc.

Joseph Scaliger proclamait François de Foix « *princeps mathematicorum nostri temporis, maxime vero geometrarum : excellens mechanicus* (2). » (*Prima Scaligerana.*)

---

(1) Traduction d'Antoine Teissier dans les *Eloges des hommes savans* (t. IV, p. 188-190). De Thou a parlé encore de Fr. de Foix dans ses *Mémoires*, mentionnant les fréquentes visites qu'il lui rendit dans sa maison de Puy-Paulin, à Bordeaux, en 1582, et le dîner « assaisonné de savants propos » que ce prélat lui donna, la même année, dans son château de Castelnau-de-Médoc. M. Taine a reproduit (p. 55-57 de son charmant *Voyage aux eaux des Pyrénées*, 1855) le récit fait, pendant ce dîner, par Candalle — (le spirituel écrivain l'appelle duc de Candalle) — de son ascension du pic du Midi. De Thou — il a soin de nous l'apprendre — connaissant tout le plaisir que son hôte éprouvait à causer de ses courses dans les Pyrénées, avait poliment amené l'entretien sur ce sujet.

(2) Christophe de Foix fut lui aussi un habile mécanicien si, comme je le crois, c'est à ce frère de François de Foix que s'appliquent ces lignes d'une lettre inédite du gouverneur de Bordeaux, Antoine de Noailles, au roi de Navarre (7 février 1557. Bibliothèque nationale, Fonds français, vol. 6908, p. 3) : « Quant aux engins de Christophe Monsieur de Candalle, j'ay tant fait chercher du bois propre qu'enfin il s'en est trouvé en un navire duquel l'on s'aydera sans toucher à celuy de la maison de ville qui donnoit aux jurats si grand regret de le bailler. Et à la vérité ils avoient quelque raison... » Dans une autre lettre du 28 février (*ibidem*, n° 5), Antoine de Noailles dit encore : « Nos fortifications se continuent selon le moyen que nous en avons. La machine de l'invention de Christophe Monsieur de Candalle est dressée au boulevard royal... » Qui nous donnera des renseignements sur cette machine ?

Florimond de Raymond s'est occupé deux fois de l'évêque d'Aire dans son *Anti-Christ*. A la page 226 (édition de 1607), il a dit, sans le nommer : « Le mesme jugement (qu'il était magicien) ay-je veu dire à plusieurs qui ne sont pas pourtant de la plus basse lie du peuple, d'un seigneur de nostre Guyenne né d'une grande et illustre maison, que Dieu avoit doué d'un esprit et d'un jugement de beaucoup eslevé par dessus le reste des hommes, et lequel sans flatterie nous pouvons nommer un autre Archimède (1). »

A la page 763, Florimond de Raymond, appréciant la réforme du calendrier, s'exprime ainsi : « Le Pape voulut avoir l'advis de plusieurs sçavans personnages de la chrestienté, entre lesquels fut François de Foix, évesque d'Ayre, sorty de l'illustre maison de Candalle, auquel à bon droict on a donné le nom de second Archimède, comme estant le seul qui a forgé ceste admirable machine, laquelle a rendu son premier autheur si célèbre et si fameux, dont il fit présent au Roy Charles neufiesme, comme aussi de l'horloge qui monstre le flux et le reflux de la mer. Je laisse son rare sçavoir aux mathématiques, qui s'est assez monstré à l'augmentation d'Euclide et à l'invention de l'Eptagone (2). »

D'Aubigné, dans l'intéressant passage de ses *Mémoires* où il raconte la visite faite, en 1584, par le roi de Navarre, par Philippe de Mornay, seigneur du Plessis, par quelques autres compagnons du futur Henri IV et par lui-même, à « l'excellant cabinet » que l'on voyait au château de Cadillac (3), ca-

---

(1) Gabriel Naudé (*Apologie des grands hommes accusés de magie*, Paris, 1669 t. I, p. 52) paraît s'être inspiré de ce passage de Fl. de Raymond, écrivain qu'il a grandement loué à la page 396 du tome II.

(2) L'auteur de l'*Anti-Christ* ajoute (p. 765) que François de Foix exprima au Pape Grégoire XIII un avis autre que celui qui prévalut, comme, dit-il, « j'ay veu par ce qu'il envoya à Sa Sainteté, et par les responses du jésuite Clavius lesquelles ensemble les répliques dudit sieur de Foix j'ay par devers moy. » Dans l'*Essai sur la vie et les ouvrages de Florimond de Raymond*, j'ai oublié de citer cette phrase, à l'endroit où j'ai mentionné quelques-uns des manuscrits de la riche bibliothèque du controversiste agenais.

(3) Le passage du roi de Navarre à Cadillac, en 1584, n'est pas indiqué dans le

binet où « la troupe s'amusa à faire lever la pesanteur d'un canon par les machines entre les mains d'un enfant de six ans, » d'Aubigné, dis-je, salue avec infiniment de respect « le grand François de Candalle, assez cognu par ce nom (1). »

Après avoir interrogé les livres, interrogeons les manuscrits. Je donnerai d'abord une lettre inédite adressée par François de Foix à Charles IX, le 4 avril 1572, et relative à une querelle qui avait éclaté entre l'évêque d'Aire et l'évêque de Dax au sujet de la possession du prieuré de La Réole.

Sire, ces jours passez, il me feust apporté par ung chevaulcheur de l'escurie de Vostre Majesté une lettre qu'il vous plaisoict m'escrire touchant le prioré de la Réolle, despaichée sur quelque maulvais rapport et contraire à la vérité du faict qui a esté donné à entendre par les parentz de l'evesque d'Acqs (2); et de tant, Sire, que avec ceste lettre il vous plaisoit en escrire une aultre à Monsieur de Candalle, mon nepveu, qui n'est en ce Bourdellois, pendent que ce porteur l'est allé trouver, j'ay despaiché vers V. M. par une lettre précédant ceste cy par laquelle je racompte la vérité de ce qui en est, estant bien marry d'avoir esté ainsi blasmé en vostre présance en si grand tort pour le desplaisir que lesdictz parenz ont que leur titulaire prétendu et qui n'eust jamais droict à ce que j'ay entendu soict décédé, ou pour le moins le bruict si fameulx en ce pais qu'il est tenu pour tel; et quant à ce que j'en faiz et delibère, puisqu'il plaist à V. M. le sçavoir suyvant ce que je vous en ay dernièrement escript, ayant receu ung tittre avant en sçavoir aulcune nouvelle, j'ay prins possession l'ayant entendu, et ung moys après envoyé mes gentz tenir la possession où ils sont entrés sans viollance, force, ny armes quelzconques, extraordinairement faict faire informations et inventaire par la justice du lieu, dont ne s'est trouvé plaincte jusques à ce

---

tableau des *Séjours et itinéraire de Henri IV avant son avénement au trône de France*, placé par M. Berger de Xivrey à la fin du tome II du *Recueil des lettres missives de Henri IV*.

(1) Edition de M. Lud. Lalanne (1854), p. 61. Edition de MM. Réaume et de Caussade (1873), p. 45. Voir encore sur Fr. de Foix l'*Histoire de la vie du duc d'Espernon* par Girard (in-4°, 1730, p. 57-58). — L'*Histoire généalogique des grands officiers de la couronne* (t. III, p. 384) donne à l'évêque d'Aire cet éloge : « Ce fut un prélat d'un grand savoir, qui préféra l'étude des belles-lettres aux honneurs de la cour. »

(2) Voir, au sujet du prieuré de la Réole, les *Lettres inédites de François de Noailles, évêque de Dax*, pages 23-26 du tirage à part (Aubry, 1865).